Practical Chinese Reader I & II
Writing Workbook

Revised and Expanded
Traditional Character Edition

Cheng & Tsui Company

C&T Asian Language Series

Editorial Board

Shou-hsin Teng, Chief Editor
Samuel Cheung
Ying-che Li
Timothy Light
Ronald Walton

Practical Chinese Reader I & II: Writing Workbook

Revised & Expanded

Traditional Character Edition

實用漢語課本

繁體習字簿

Shou-hsin Teng, Editor

Cheng & Tsui Company

About the Editor

Shou-hsin Teng is currently a professor of Chinese in the Department of Asian Languages and Literatures at the University of Massachusetts, Amherst, MA.

Cheng & Tsui Company
25 West Street
Boston, MA 02111-1268 USA
e-mail ct@world.std.com

Revised and Expanded Traditional Character Edition 0-88727-191-X

Companion textbook, exercise book, computer software, video tapes and audio tapes are available from the publisher.

Printed in the United States of America

PUBLISHER'S NOTE

The Cheng & Tsui Company is pleased to make available the revised and expanded edition of the writing workbook companion to the traditional (full) character edition of the Beijing Language Institute's highly successful introductory Chinese language textbook series, *Practical Chinese Reader.*

The C&T Asian Language Series is designed to publish and widely distribute quality language texts as they are completed by teachers at leading educational institutions. *The C&T Asian Language Series* is devoted to significant works in the field of Asian languages developed in the United States and elsewhere.

We welcome readers' comments and suggestions concerning the publications in this series. Please contact the following members of the Editorial Board:

Professor Shou-hsin Teng, Chief Editor
Dept. of Asian Languages and Literature
University of Massachusetts, Amherst, MA 01003

Professor Samuel Cheung
Dept. of East Asian Languages, University of California, Berkeley, CA 94720

Professor Ying-che Li
Dept. of East Asian Languages, University of Hawaii, Honolulu, HI 96822

Professor Timothy Light
Dept. of Religion, Western Michigan University, Kalamazoo, MI 49008

Professor Ronald Walton
Dept. of Hebrew and East Asian Languages and Literature
University of Maryland, College Park, MD 20742

FOREWORD TO THE REVISED AND EXPANDED EDITION

This volume was compiled in response to the needs of the many instructors of Chinese who, like the present editor, chose to start off their students' dedicated pursuit of the Chinese written language with traditional characters rather than simplified characters. The characters in this volume follow the lessons in *Practical Chinese Reader Book I and II,* which according to a recent survey, has become the most widely-used Chinese textbook series among colleges and universities in the United States. At the same time, this workbook can also be used as a supplement to virtually any beginning Chinese language textbook.

To write Chinese characters, correct stroke order and proper proportions between components are important not only aesthetically, but for mnemonic purposes as well. There are no shortcuts to learning Chinese characters; students must practice. There are variations in stroke order among "native writers" of Chinese characters and a beginning volume of this nature cannot possibly list all the possibilities. We therefore follow the stroke-orders as published by the Ministry of Education, Taiwan in 1982. We are grateful to Mr. Lu Kuang-cheng of the IUP-Stanford Center, Taipei for checking correct stroke order and marking the sequence in this volume.

This revised edition has succumbed to "high tech" in the production of calligraphy. It was produced using Microsoft Word 2.0 under Chinese Windows 3.1, utilizing a Chinese character card (Hua Kang) that has incorporated five different font faces. This has resulted in consistent sizes and strokes. Hopefully the characters are, at the same time, also aesthetically acceptable.

Pinyin and English glosses for individual characters have been added. The latter are difficult, as beginning students must first learn "words," which in most instances extend beyond one character. Since the glosses are character-based rather than word-based, this may in some cases provide extra information for characters; in other cases, it may prove "fatal" to the student's understanding. As it is not clear whether strict etymology is helpful in a beginning course, some liberty has been taken. When in doubt, we urge instructors to consult authoritative dictionaries and give their students proper interpretation.

A Character Index has also been added to this edition.

– Shou-hsin Teng
University of Massachusetts, Amherst
September 1993

字 ELEMENTS OF CHARACTERS

Chinese characters can be approached from two angles, that of their external form and that of their internal meaning. This volume relates only to the former aspect of Chinese characters, and students should refer to a volume such as Fr. Wieger's *Chinese Characters* (Dover Publications) for the latter. Glosses given in this volume are arbitrary and do not define the basic meaning of characters.

The writing of Chinese characters is governed by a sophisticated and rigid set of conventions, which are passed down from teachers to students. This is not to say that there are no variations or occasional idiosyncrasies. This volume presents conventions on the whole and legitimate variations in some specific cases.

Elements of writing characters include strokes, number of strokes, sequence of strokes, and proportions.

筆 STROKES 畫

Chinese children are taught at school the various names for different strokes, e.g. 提tí for a left-to-right rising stroke. There are as many as 24 different strokes. The type of stroke determines to a large extent the direction of execution of the stroke and ultimately the number of strokes in a character. The names of these strokes are sophisticated and difficult for non-native speakers and will thus be omitted in this volume.

FLOW OF STROKES

A rule of thumb in determining or guessing in what direction a certain stroke flows is that in most cases a stroke goes rightward or downward . Exceptions are few, e.g. a *tick* 提 goes upward.

Characters in this volume are printed in the kǎi 楷 or brush-style fontface, in which strokes nearly always begin with a thicker point and ends with a thinner line. Students are therefore urged to pay special attention to the differences in the thickness of strokes in order to see the direction in which the strokes were made, e.g.

天 tiān 水 shuǐ 仙 xiān 川 chuān

幾 NUMBER OF STROKES 畫 ?

Exactly how many strokes a character consists of is of paramount importance for the many Chinese dictionaries, directories, and indices employ that information to sort characters/entries. Incorrect stroke-counting may thus result in time wasted looking up a character in several places in a dictionary or directory. Most native-writers of Chinese characters agree on stroke counts, but there are slight accepted variations and conventions. The grass-top in 英 yīng can be counted as 3, 4 or even 6 depending on the approach adopted. 門 mén may be written as 7 or 8 strokes depending on the individual.

雀 què Conventions aside, most strokes are clearly visible as separate strokes as in the character *què* above. Exceptional cases are not difficult to learn. Tiny ticks either to the right or to the left at the end of the stroke are part of the stroke, 良 liáng 于 yú . Lines forming the upper right angle of a box, in various shapes and lengths, constitute one stroke, 口 kǒu 四 sì 又 yòu 子 zǐ.

筆 SEQUENCE OF STROKES 順

Sequence of strokes is governed by the following tendencies, not absolute rules. There is a complex network of interactions between strokes themselves and between components of characters and strokes.

1. Top to Bottom:	三 sān	言 yán	賣 mài	
2. Left to Right:	一 yī	仁 rén	哪 nǎ	
3. Outer to Inner:	因 yīn	司 sī	用 yòng	(But outer closes last)
4. Horizontal before Vertical:	十 shí	茶 chá	七 qī	(When they cross)
5. Vertical before Horizontal:	上 shàng	土 tǔ	王 wáng	(At right angles)
6. Center before Sides:	小 xiǎo	木 mù	兩 liǎng	

Other, more complex conventions must be learned by rote, as is the case with Chinese students. Sequence of strokes is clearly marked on the characters in each lesson.

六 CLASSIFICATION OF CHARACTERS 書

For 2,000 years characters have been classified into six traditional categories, viz. Pictographs, Ideographs, Logical Compounds, Phonetic Borrowings, Phonetic Compounds, and Semantic Extensions, the last of which is questionable at best and will not be illustrated below. Today, more than 90% of all characters in use are phonetic compounds.

象形 PICTOGRAPHS depict concrete objects:

魚 yú 'fish', 馬 mǎ 'horse', 手 shǒu 'hand', 山 shān 'hill'

指事 IDEOGRAPHS refer to parts or relations:

上 shàng 'top', 刀 rěn 'blade', 旦 dàn 'dawn', 本 běn 'roots'

會意 LOGICAL Compounds refer to composite meanings:

好 hǎo 'good', 森 sēn 'woods', 比 bǐ 'compare'

假借 Phonetic BORROWINGS are disguised in others' coats:

北 běi 'north', 非 fēi 'Neg', 很 hěn 'very'

諧聲 PHONETIC Compounds utilize pronunciation:

嗎 ma '?', 怕 pà 'fear', 請 qǐng 'please!'

部 SEMANTIC RADICALS 首

Phonetic-compound characters can be analyzed into two components called radicals, one referring to sounds (*phonetic radicals*, the component 'horse' in 嗎) and the other to meanings (*semantic radicals*, the 'mouth' component in 嗎). Learning more about phonetic radicals at this stage may not be of much use, as they may refer to ancient pronunciation. It is on the other hand very helpful and informative to learn about semantic radicals, as they provide an extra cultural dimension to Chinese characters, which will in many instances make remembering characters a bit easier and more interesting. For example, all the characters referring to speech acts (ordering, commanding, begging, shouting etc) are written with the 'mouth' radical, most verbs of motion use 'foot' etc. By analogy, when a 'metal' radical is detected, the character may refer to something to do with or made of metal. Such hints prove useful in reading in Chinese.

Today there are 214 semantic radicals associated with the traditional, non-simplified characters. Consult Chinese-English dictionaries such as Fenn's *5,000 Chinese Character* Dictionary (Harvard University Press) for a full list and definitions.

Here are some of the radicals that occur in the first few lessons. They appear in two to three forms: when standing independently and when occurring as a radical.

RAD	MEAN	EXAMPLES		
人	Man	你 nǐ	他 tā	們 men
女	Woman	好 hǎo	媽 mā	姓 xìng
口	Mouth	嗎 ma	呢 ne	喝 hē
言	Speech	誰 shéi	請 qǐng	謝 xiè
心	Heart	想 xiǎng	您 nín	忙 máng
糸	Silk	紙 zhǐ	給 gěi	紹 shào
竹	Bamboo	筆 bǐ	答 dá	筷 kuài
水	Water	法 fǎ	酒 jiǔ	漢 hàn
走	Walk	這 zhè	進 jìn	迎 yíng
土	Soil	地 dì	址 zhǐ	城 chéng

阝	City	都 dōu	那 nà	郵 yóu
貝	Shell	貴 guì	買 mǎi	賀 hè
目	Eye	看 kàn	見 jiàn	睡 shuì
彳	Walk	很 hěn	行 xíng	從 cóng
宀	Roof	客 kè	宿 sù	家 jiā
艸	Grass	茶 chá	英 yīng	花 huā
手	Hand	授 shòu	找 zhǎo	把 bǎ
衣	Clothes	裙 qún	襯 chèn	褲 kù
金	Metal	銀 yín	鐘 zhōng	錶 biǎo
木	Tree	枝 zhī	椅 yǐ	機 jī
日	Sun	晚 wǎn	間 jiān	昨 zuó

NOTATIONS

Each character in this volume is accompanied by its *pinyin* romanization and a brief gloss. As noted above, character-based glossary does not work in all cases, as modern Chinese is largely disyllabic, e.g. in 介紹 jièshào 'to introduce' it does not make much sense giving meaning to each character, and in 葡萄 pútáo 'grape' such an exercise would be foolish. Therefore, the brief definition given is only meant to assist the student in identifying the character.

Where an asterisk (*) is given, the character, or rather morpheme, is a bound element grammatically, that is, it cannot stand alone in a sentence without combining with some other character/morpheme, e.g. either character in 朋友 péngyǒu can be understood to be related to the concept of 'friend' and is glossed in this volume as '*friend', where * means that the character can not stand alone. Only in combination with each other is a proper 'word' formed. A less obvious and more difficult case is 日 rì '*the sun', which, without *, invites the learner to use the character alone in a sentence like 'The sun is brighter than the moon'. The result would be disastrous.

'Meas' is used to refer to measures/classifiers. 'Pctcl' stands for 'particle', which refers, in this volume, to any abstract grammatical element, be it a nominal suffix 子 zi, a verbal aspect 著 zhe, or a possessive marker 的 de.

TABLE OF CONTENTS

Lesson 1-4

你		好		嗎		我		很	
你	nǐ you	好	hǎo well	嗎	ma Q-ptcl	我	wǒ I, me	很	hěn very

呢		也		忙		不		哥	
呢	ne Q-ptcl	也	yě also	忙	máng busy	不	bù Neg.	哥	gē *brother

1

他	tā he	弟	dì *brother	們	men Plural	都	dōu all/both	這	zhè this

是	shì be	爸	bà father	媽	mā mother	朋	péng *friend	友	yǒu *friend

Lesson 5-7

的	de Poss.	車	chē vehicle	那	nà that	她	tā she	書	shū book

大	dài *big	夫	fū *man	哪	nǎ which?	國	guó *country	人	rén people

3

誰	shéi who?	老	lǎo old	師	shī *teacher	漢	hàn *China	語	yǔ *language

什	shén *what	麼	me Q-ptcl	地	dì earth	圖	tú drawing	看	kàn look

Lesson 8

請	qǐng please!	喝	hē drink	茶	chá tea	您	nín you	進	jìn enter

歡	huān *joy	迎	yíng *greet	謝	xiè thank	客	kè *guest	氣	qì air

吸 xī inhale 煙 yān cigarette

Lesson 9

貴		姓		問		留		學	
貴	guì honorable	姓	xìng surname	問	wèn ask	留	liú stay	學	xué learn

生		叫		外		院		習	
生	shēng *man	叫	jiào call	外	wài *outside	院	yuàn *yard	習	xí *learn

Lesson 10

在	zài at, in	坐	zuò sit	兒	er Suffix	宿	sù *stay	舍	shè *place

住	zhù live	多	duō many	少	shǎo few	號	hào number	四	sì four

層		二		三		一		五	
層	céng storey	二	èr two	三	sān three	一	yī one	五	wǔ five

Lesson 11

還	huán return	畫	huà drawing	報	bào newspaper	詞	cí word	典	diǎn *standard

現	xiàn *now	用	yòng use	下	xià *while	再	zài again	見	jiàn see

六	liù six	七	qī seven	八	bā eight	九	jiǔ nine	十	shí ten

Lesson 12

女	nǚ *female	先	xiān first	認	ren *recog	識	shì *know	英	yīng *Eng

法	fǎ *Fran	常	cháng often	去	qù go				

12

Lesson 13

名		字		喂		啊		商	
名	míng *name	字	zì character	喂	wèi hello!	啊	a Interj.	商	shāng *trade

店		買		筆		紙		來	
店	diàn shop	買	mǎi buy	筆	bǐ pen	紙	zhǐ paper	來	lái come

介	jiè *between	紹	shào *introd	男	nán *male	對	duì correct	了	le Partcl

和	hé and	說	shuō speak						

Lesson 14

作		工		想		家		有	
作	zuò *work	工	gōng *craft	想	xiǎng think	家	jiā home	有	yǒu have

沒		妹		姐		銀		行	
沒	méi haven't	妹	mèi *sister	姐	jiě *sister	銀	yín silver	行	háng *store

15

愛	ài love	孩	hái *child	子	zi Partcl	給	gěi give	寫	xiě write

信	xìn letter	告	gào *tell	訴	sù *tell				

Lesson 15

中	zhōng *middle	文	wén *letter	系	xì dept	個	ge Measure	幾	jǐ *many?

教	jiāo teach	口	kǒu *mouth	敢	gǎn dare	當	dāng *deserve	互	hù *mutual

17

相		新		閱		覽		室	
相	xiāng *mutual	新	xīn new	閱	yuè *read	覽	lǎn *look	室	shì *room

雜		誌		本		館			
雜	zá assorted	誌	zhì *record	本	běn Measure	館	guǎn *place		

Lesson 16

條		裙		兩		張		票	
條	tiáo Measure	裙	qún skirt	兩	liǎng two	張	zhāng Measure	票	piào ticket

京		劇		晚		上		太	
京	jīng *capital	劇	jù drama	晚	wǎn late	上	shàng *top	太	tài too

從	cóng from	找	zhǎo find	舊	jiù old	穿	chuān wear	件	jiàn Measure
襯	chèn *shirt	衫	shān *shirt	綠	lǜ green	白	bái white		

20

Lesson 17

點	diǎn dot	食	shí *eat	堂	táng *hall	差	chà lack	分	fēn minute
刻	kè 15 min.	課	kè lesson	以	yǐ *with	後	hòu *rear	事	shì business

回		跟		起		電		影	
回	huí *return	跟	gēn with	起	qǐ *together	電	diàn electr'ty	影	yǐng *shadow

咖		啡		半		等		走	
咖	kā *coffee	啡	fēi *coffee	半	bàn half	等	děng wait	走	zǒu walk

Lesson 18

天	tiān *day	每	měi every	床	chuáng bed	午	wǔ noon	吃	chī eat

飯	fàn rice	休	xiū *rest	息	xí *rest	時	shí *time	候	hòu *time

題	tí *item	睡	shuì sleep	覺	jiào *nap			

Lesson 19

要	yào want	服	fú *serve	務	wù *serve	員	yuán personne	杯	bēi *cup

小	xiǎo small	喜	xǐ *pleased	花	huā flower	紅	hóng red	橘	jú *orange

水	shuǐ water	瓶	píng *bottle	啤	pí *beer	酒	jiǔ wine	聽	tīng listen
民	mín *people	歌	gē song	古	gǔ *old	音	yīn *sound	樂	yuè *music

代	dài *age	唱	chàng sing	讓	ràng let,have	別	bié don't!		

Lesson 20

月	yuè month	日	rì *day	輔	fǔ *assist	導	dǎo *lead	空	kòng time

今	jīn *this	年	nián year	歲	suì *age	祝	zhù wish	賀	hè *cong'late

舞	wǔ *dance	會	huì meet	參	cān *join	加	jiā *join	班	bān class

同	tóng together	定	dìng definite	意	yì *intention	思	sī *think	星	xīng star

期		知		道		址			
期	qī *period	知	zhī *know	道	dào *way	址	zhǐ *address		

Lesson 21

束	shù bunch	眞	zhēn true	送	sòng give	非	fēi Neg.	感	gǎn *feel

高	gāo tall	興	xìng *joy	輕	qīng light	跳	tiào jump	吧	ba Ptcl

姑	gū *aunt	娘	niáng mother	漂	piào drift	亮	liàng bright	更	gèng even more

像	xiàng resemble	開	kāi open	門	mén door				

Lesson 22

邊	biān side	園	yuán *garden	房	fáng *house	廳	tīng *hall	旁	páng *side

椅	yǐ *chair	桌	zhuō *table	總	zǒng always	整	zhěng *tidy up	理	lǐ *tidy up

廚	chú *kitchen	面	miàn surface	幫	bāng help	助	zhù *assist	餐	cān *meal

左	zuǒ left	裡	lǐ *inside	間	jiān Meas.	臥	wò lie down	洗	xǐ wash

澡	怎	樣		
澡 zǎo *bath	怎 zěn how?	樣 yàng kind(s)		

Lesson 23

正	zhèng just	視	shì *look	接	jiē receive	話	huà speech	復	fù *again

聞	wén *hear	表	biǎo represent	團	tuán group	觀	guān *look	廠	chǎng factory

訪	fǎng *visit	照	zhào shine	片	piàn *film	打	dǎ make etc	明	míng *bright

城	chéng city	玩	wán play etc	出	chū *out	發	fā *start		

Lesson 24

心		農		村		火		鍛	
心	xīn heart	農	nóng farming	村	cūn village	火	huǒ fire	鍛	duàn *to train
煉		答		些		難		念	
煉	liàn to drill	答	dá reply	些	xiē lots of	難	nán hard	念	niàn read out

練

懂

| 練 | liàn
drill | 懂 | dǒng
understand | | | | |

Lesson 25

得	de prtcl	停	tíng stop	前	qián *front	河	hé river	游	yóu swim

泳	yǒng *swim	準	zhǔn accurate	備	bèi *prepare	釣	diào to fish	魚	yú fish

湯	tāng soup	位	wèi Meas.	快	kuài fast	慢	màn slow	錯	cuò wrong

包	bāo wrap	腿	tuǐ thigh	奶	nǎi milk	酪	lào *cheese	礦	kuàng *mine

泉

泉 quán
*spring

Lesson 26

研		究		早		談		翻	
研	yán *research	究	jiū *study	早	zǎo early	談	tán talk	翻	fān turn over

譯		能		深		解		或	
譯	yì translate	能	néng able to	深	shēn deep	解	jiě know	或	huò or

者		就		應		該		倆	
者	zhě Prtcl	就	jiù then	應	yīng ought	該	gāi ought	倆	liǎng both

可		容		易		成		竟	
可	kě but	容	róng *easy	易	yì *easy	成	chéng done	竟	jìng in the end

Lesson 27

始		使		招		待		嘗	
始	shǐ *begin	使	shǐ *official	招	zhāo *greet	待	dài *treat	嘗	cháng taste

茅		台		爲		健		康	
茅	máo thatch	台	tái platform	爲	wèi for,to	健	jiàn *healthy	康	kāng *healthy

45

乾	gān drink up	誼	yì *friendly	葡	pú *grape	萄	táo *grape	菜	cài dishes

筷	kuài chopsticks	試	shì try	化	huà *culture	贊	zàn *advise	又	yòu again

46

到	樓	臺		

到	dào reach	樓	lóu storey	臺	tái platform				

Lesson 28

足	zú *foot	球	qiú ball	賽	sài contest	昨	zuó *yester-	辦	bàn manage

簽	qiān to sign	證	zhèng document	隊	duì team	贏	yíng win	輸	shū lose

48

比	bǐ compare	裁	cái *decide	判	pàn *judge	公	gōng *fair	平	píng even

踢	tī kick	氣	qì mad	李	lǐ *plum	箱	xiāng *box	頂	dǐng Meas.

帽	mào hat	雙	shuāng pair	冰	bīng ice	鞋	xié shoes	冬	dōng *winter

滑	huá slippery								

Lesson 29

飛	fēi to fly	機	jī machine	場	chǎng *field	別	bié separate	願	yuàn *wish

離	lí *leave	所	suǒ *so as	步	bù paces	努	nǔ *put in	力	lì *labor

站	zhàn stand	緊	jǐn tight	注	zhù *put in	身	shēn *body	體	tǐ *body

放	fàng place	忘	wàng forget	過	guò pass	夏	xià *summer	秋	qiū *autumn

路

安

| 路 | lù road | 安 | ān *safe | | | | |

Lesson 30

笑	xiào laugh	東	dōng east	西	xī west	哭	kū cry	熱	rè hot

情	qíng *feeling	自	zì *self	己	jǐ *self				

54

Lesson 31

華	huá *China	僑	qiáo *overseas	長	zhǎng grow	已	yǐ *already	經	jīng *already

第	dì *_th	次	cì #of times	校	xiào *school	實	shí *realise	化	huà --ise

希		望		社		主		義	
希	xī *hope	望	wàng *hope	社	shè com'unity	主	zhǔ *chief	義	yì idea

建		設		鐘		首		際	
建	jiàn *construct	設	shè *setup	鐘	zhōng clock	首	shǒu *prime	際	jì inter-

言	yán *speech	辛	xīn *bitter	苦	kǔ bitter	手	shǒu hand	續	xù *continue

Lesson 32

最		近		透		醫		病	
最	zuì most	近	jìn near	透	tòu through	醫	yī treat	病	bìng illness

檢		查		方		遍		拿	
檢	jiǎn examine	查	chá inspect	方	fāng location	遍	biàn #of times	拿	ná take

内	nèi internal	科	kē dept	肺	fèi lung	炎	yán inflamed	臟	zàng organs

量	liáng measure	血	xiě blood	壓	yā pressure	眼	yǎn *eye	睛	jīng *eye

鼻		耳		朵		命			
鼻	bí *nose	耳	ěr *ear	朵	duǒ *ear	命	mìng life		

Lesson 33

雨	yú rain	敲	qiāo knock	葉	yè *leaf	樹	shù tree	晴	qíng *sunny

冷	lěng cold	颳	guā blow	風	fēng wind	雪	xuě snow	梅	méi *plum

61

怕	pà fear	詩	shī poem	隆	lóng *deep	百	bǎi hundred	跡	jī trace

絕	jué extinct	屈	qū yield	立	lì stand				

Lesson 34

著	zhe Prtcl	封	fēng seal	寄	jì mail	郵	yóu post	局	jú bureau

窗	chuāng window	掛	guà hang	牌	pái sign	櫃	guì chest	營	yíng engage

業	yè business	航	háng *sail	市	shì *city	聲	shēng *voice	收	shōu receive

指	zhǐ point at	牆	qiáng wall						

Lesson 35

考		績		專		暑		假	
考	kǎo to test	績	jī *grade	專	zhuān specialise	暑	shǔ *summer	假	jià vacation

寒		奇		怪		況		利	
寒	hán *cold	奇	qí *strange	怪	guài *strange	況	kuàng *state	利	lì conven'nt

掙		錢		急			
掙	zhèng earn	錢	qián money	急	jí anxious		

Lesson 36

套	tào set	具	jù Meas.	便	pián *cheap	宜	yí *cheap	瓷	cí china

器	qì utencil	售	shòu *sell	貨	huò goods	產	chǎn product	歷	lì exper'nce

史	shǐ *history	質	zhì quality	玉	yù jade	薄	báo thin	種	zhǒng kinds

碗	wǎn bowl	共	gòng all told	塊	kuài Meas.	元	yuán dollar	毛	máo dime

角	jiǎo dime	壺	hú tea pot	只	zhǐ only	展	zhǎn extend	提	tí raise

零	líng zero								

Lesson 37

布		山		裝		短		合	
布	bù cloth	山	shān mount'n	裝	zhuāng clothes	短	duǎn short	合	hé to suit

適		肥		瘦		衣		顏	
適	shì suitable	肥	féi loose	瘦	shòu tight	衣	yī *clothe	顏	yán *color

色	sè *color	藍	lán blue	灰	huī grey	交	jiāo to pay	式	shì *style

棉	mián cotton	襖	ǎo *jacket	綢	chóu *silk	米	mǐ rice	輛	liàng Meas.

騎

騎 qí ride

Lesson 38

汽		往		剛		換		爺	
汽	qì steam	往	wàng toward	剛	gāng just	換	huàn change	爺	yé old man

終		南		修		馬		拐	
終	zhōng terminal	南	nán south	修	xiū repair	馬	mǎ horse	拐	guǎi turn

彎		跑		帶		咱		向	
彎	wān turn	跑	pǎo run	帶	dài take	咱	zán we	向	xiàng toward

講		故							
講	jiǎng talk	故	gù *ancient						

Lesson 39

關	guān close	選	xuǎn elect	舉	jǔ *elect	任	rèn *post	驥	jì *steed

伏	fú placed	櫪	lì *stable	千	qiān thousand	句	jù Meas.	雖	suī *though

然	rán so	但	dàn *but	退	tuì retire	街	jiē street	阿	ā Prtcl

姨	yí auntie	鄰	lín ajacent	居	jū *live	遠	yuǎn far	叔	shū uncle

聰	cōng *bright	完	wán finish	愉	yú *happy	永	yǒng *forever	記	jì *rem'mber

Lesson 40

運	yùn *exercise	動	dòng move	操	cāo *exercise	廣	guǎng broad	播	bō *sow
席	xí *position	彩	cǎi *color	旗	qí flag	眾	zhòng mass	激	jī moved

拳	quán *fist	烈	liè *entused	鼓	gǔ drum	掌	zhǎng palm	保	bǎo *keep

持	chí *maintain	錄	lù *record	秒	miǎo second	極	jí extreme	破	pò break

79

Lesson 41

亭	tíng pavilion	才	cái only then	擠	jǐ crowded	司	sī *manage	周	zhōu around

皇	huáng *royal	帝	dì *emperor	築	zhù *construct	清	qīng clear	楚	chǔ *clear

美		脚		吊		死		
美	měi pretty	脚	jiǎo feet	吊	diào hang	死	sǐ die	

Lesson 42

石		獅		棍		型		萬	
石	shí *stone	獅	shī *lion	棍	gùn *stick	型	xíng type	萬	wàn 10K
藝		術		禮		寬		數	
藝	yì art	術	shù *craft	禮	lǐ courtesy	寬	kuān wide	數	shù count

幹	gàn do	重	zhòng heavy	活	huó work	顧	gù care	獎	jiǎng *praise

狀	zhuàng citation	鏡	jìng *mirror	蓋	gài cover				

Lesson 43

餓	è hungry	累	lèi tired	傅	fù *master	味	wèi flavor	之	zhī Pron.

親	qīn intimate	各	gè each	宵	xiāo *night	豌	wān *peas	豆	dòu beans

粥	zhōu porridge	炸	zhá fried	糕	gāo cake	油	yóu oil	餅	bǐng cake
較	jiào *compare	夠	gòu enough	杏	xìng almond	仁	rén kernel	腐	fǔ rotten

牛 niú ox

糖 táng sugar

Lesson 44

貿	mào *trade	決	jué *decide	喊	hǎn shout	旅	lǚ *travel	林	lín *woods

它	tā it	母	mǔ *mother	座	zuò Meas.	湖	hú lake	橋	qiáo bridge

87

船	chuán boat	景	jǐng *scene	幅	fú Meas.	草	cǎo grass	物	wù *object

爬	pá climb	青	qīng green	塔	tǎ pagoda	陽	yáng *sun		

88

Lesson 45

熊	貓	珍	竹	頭

熊	xióng bear	貓	māo cat	珍	zhēn treasure	竹	zhú bamboo	頭	tóu head

戴	墨	者

戴	dài wear	墨	mò ink	者	zhě person				

Lesson 46

把	bǎ *hold	藥	yào medicine	疼	téng sore	咳	ké cough	嗽	sòu *cough

舒	shū *eased	戶	hù household	冒	mào discomfort	燒	shāo fever	厲	lì *severe

害		躺		針		溫		姥	
害	hài *severe	躺	tǎng lie	針	zhēn needle	溫	wēn warm	姥	lǎo old woman

餃									
餃	jiǎo *dumpling								

91

Lesson 47

簿	bù notebook	計	jì *plan	篇	piān Meas.	章	zhāng *article	棗	zǎo dates

株	zhū Meas.	北	běi north	虎	hǔ *tiger	尾	yǐ/wěi *tail	巴	bā Prtcl

92

除	chú remove	儉	jiǎn *thrift	樸	pú *simple	懷	huái embrace	培	péi *cultivate

養	yǎng raise	偉	wěi *grand	遺	yí *legacy	豐	fēng abundant	富	fù *rich

Lesson 48

燈	dēng light	籠	lóng *cage	因	yīn *cause	聚	jù gather	節	jié festival

初	chū *beginning	全	quán whole	拜	bài *tribute	屋	wū *house	掃	sǎo sweep

淨	jìng *clean	拾	shí *pick	齊	qí neat	黑	hēi black	春	chūn spring

聯	lián *join	貼	tiē paste	兔	tù *rabbit	恭	gōng reverence	禧	xǐ *happy

爆	bào explode	擺	bǎi place	麻	má numb	煩	fán bother		

Lesson 49

被	bèi *suffer	借	jiè borrow	品	pǐn *product	演	yǎn perform	功	gōng merit

確	què definite	而	ér however	且	qiě moreover	抓	zhuā catch	殺	shā kill

勞	láo labor	逼	bī force	賣	mài sell	連	lián join	壞	huài bad

暗	àn dark	引	yǐn draw						

Lesson 50

臨	lín *verge	摹	mó *copy	頁	yè page	逝	shì *depart	世	shì *world

| 枝 | zhī Meas. | 挺 | tǐng erect | 蓮 | lián lotus | 界 | jiè boundary | 海 | hǎi sea |

微

微 wēi
*slight

Character Index

A

		Lesson
啊	a	13
阿	ā	39
愛	ài	14
安	ān	29
暗	àn	49
襖	ǎo	37

B

播	bō	40
不	bù	3
步	bù	29
布	bù	37
筆	bǐ	13
比	bǐ	28
餅	bǐng	43
病	bìng	32
鼻	bí	32
八	bā	11
巴	bā	47
班	bān	20
幫	bāng	22
包	bāo	25
白	bái	16
簿	bù	47
薄	báo	36
把	bǎ	46
百	bǎi	33
擺	bǎi	48
保	bǎo	40
爸	bà	4
拜	bài	48

半	bàn	17
辦	bàn	28
報	bào	11
爆	bào	48
杯	bēi	19
北	běi	47
本	běn	15
備	bèi	25
被	bèi	49
逼	bī	49
冰	bīng	28
吧	ba	21
邊	biān	22
表	biǎo	23
遍	biàn	32
別	bié	19
別	bié	29

C

聰	cōng	39
村	cūn	24
次	cì	31
從	cóng	16
詞	cí	11
參	cān	20
餐	cān	22
操	cāo	40
裁	cái	28
才	cái	41
彩	cǎi	40
草	cǎo	44
菜	cài	27
層	céng	10
出	chū	23

初	chū	48
春	chūn	48
楚	chǔ	41
綢	chóu	37
廚	chú	22
除	chú	47
持	chí	40
茶	chá	8
查	chá	32
長	cháng	31
常	cháng	12
嘗	cháng	27
廠	chǎng	23
場	chǎng	29
差	chà	17
唱	chàng	19
車	chē	5
城	chéng	23
成	chéng	26
襯	chèn	16
吃	chī	18
穿	chuān	16
窗	chuāng	34
船	chuán	44
床	chuáng	18
錯	cuò	25

D

冬	dōng	28
東	dōng	30
都	dōu	3
懂	dǒng	24
動	dòng	40
豆	dòu	43

101

102

103

104

你	nǐ	1		票	piào	16		**R**		
農	nóng	24		漂	piào	21				
女	nǚ	12						日	rì	20
您	nín	8		**Q**				容	róng	26
拿	ná	32						然	rán	39
男	nán	13		七	qī	11		讓	ràng	19
難	nán	24		期	qī	20		人	rén	6
南	nán	38		騎	qí	37		仁	rén	43
哪	nǎ	6		旗	qí	40		熱	rè	30
奶	nǎi	25		齊	qí	48		認	rèn	12
那	nà	5		起	qǐ	17		任	rèn	39
能	néng	26		氣	qì	8				
內	nèi	32		汽	qì	38		**S**		
呢	ne	2		奇	qí	35				
牛	niú	43		親	qīn	43		送	sòng	21
年	nián	20		輕	qīng	21		嗽	sòu	46
娘	niáng	21		清	qīng	41		宿	sù	10
念	niàn	24		青	qīng	44		訴	sù	14
				情	qíng	30		死	sǐ	41
P				晴	qíng	33		四	sì	10
				請	qǐng	8		三	sān	10
破	pò	40		秋	qiū	29		掃	sǎo	48
品	pǐn	49		球	qiú	28		賽	sài	28
葡	pú	27		簽	qiān	28		色	sè	37
樸	pǔ	47		千	qiān	39		思	sī	20
啤	pí	19		敲	qiāo	33		司	sī	41
瓶	píng	19		前	qián	25		收	shōu	34
平	píng	28		牆	qiáng	34		首	shǒu	31
爬	pá	44		僑	qiáo	31		手	shǒu	31
牌	pái	34		橋	qiáo	44		瘦	shòu	37
旁	páng	22		且	qiě	49		書	shū	5
跑	pǎo	38		屈	qū	33		輸	shū	28
怕	pà	33		去	qù	12		叔	shū	39
判	pàn	28		泉	quán	25		舒	shū	46
培	péi	47		拳	quán	40		暑	shǔ	35
朋	péng	4		全	quán	48		束	shù	21
篇	piān	47		裙	qún	16		樹	shù	33
片	piàn	23		確	què	49				

術	shù	42		獅	shī	42		天	tiān	18
數	shù	42		説	shuō	13		條	tiáo	16
始	shǐ	27		水	shuǐ	19		跳	tiào	21
是	shì	4		睡	shuì	18		貼	tiē	48
識	shì	12		雙	shuāng	28		腿	tuǐ	25
室	shì	15		所	suǒ	29		退	tuì	39
事	shì	17		歲	suì	20		團	tuán	23
視	shì	23		雖	suī	39				
試	shì	27								
市	shì	34			**T**				**W**	
適	shì	37								
式	shì	37								
逝	shì	50		透	tòu	32		我	wǒ	2
世	shì	50		兔	tù	48		臥	wò	22
十	shí	11		體	tǐ	29		屋	wū	48
食	shí	17		挺	tǐng	50		五	wǔ	10
時	shí	18		同	tóng	20		午	wǔ	18
實	shí	31		頭	tóu	45		舞	wǔ	20
石	shí	42		圖	tú	7		務	wù	19
拾	shí	48		題	tí	18		物	wù	44
殺	shā	49		提	tí	36		彎	wān	38
衫	shān	16		停	tíng	25		玩	wán	23
山	shān	37		亭	tíng	41		完	wán	39
商	shāng	13		他	tā	3		晚	wǎn	16
燒	shāo	46		她	tā	5		碗	wǎn	43
少	shǎo	10		它	tā	44		往	wǎng(wàng)	38
上	shàng	16		湯	tāng	25		外	wài	9
紹	shào	13		台	tái	27		萬	wàn	42
深	shēn	26		談	tán	26		忘	wàng	29
身	shēn	29		堂	táng	17		望	wàng	31
生	shēng	9		糖	táng	43		微	wēi	50
聲	shēng	34		萄	táo	27		溫	wēn	46
什	shén	7		塔	tǎ	44		文	wén	15
誰	shéi	6		躺	tǎng	46		聞	wén	23
舍	shè	10		太	tài	16		尾	wěi	47
設	shè	31		疼	téng	46		偉	wěi	47
師	shī	6		踢	tī	28		喂	wèi	13
詩	shī	33		聽	tīng	19		位	wèi	25
				廳	tīng	22		為	wèi	27
								味	wèi	43

106

問	wèn	9	笑	xiào	30	姨	yí	39
			校	xiào	31	遺	yí	47
X			些	xiē	24	銀	yín	14
			鞋	xié	28	迎	yíng	8
續	xù	31	寫	xiě	14	贏	yíng	28
喜	xǐ	19	謝	xiè	8	營	yíng	34
洗	xǐ	22	選	xuǎn	39	壓	yā	32
禧	xǐ	48	學	xué	9	煙	yān	8
系	xì	15	雪	xuě	33	研	yán	26
信	xìn	14	血	xuè	32	言	yán	31
姓	xìng	9				炎	yán	32
興	xìng	21	**Y**			顏	yán	37
杏	xìng	43				陽	yáng	44
習	xí	9	泳	yǒng	25	眼	yǎn	32
息	xī	18	永	yǒng	39	演	yǎn	49
席	xí	40	友	yǒu	4	養	yǎng	47
型	xíng	42	有	yǒu	14	樣	yàng	22
吸	xī	8	用	yòng	11	要	yào	19
西	xī	30	又	yòu	27	藥	yào	46
希	xī	31	語	yǔ	6	爺	yé	38
新	xīn	15	雨	yǔ	33	也	yě	2
心	xīn	24	運	yùn	40	葉	yè	33
辛	xīn	31	以	yǐ	17	業	yè	34
星	xīng	20	椅	yǐ	22	頁	yè	50
休	xiū	18	已	yǐ	31	一	yī	10
修	xiū	38	引	yǐn	49	醫	yī	32
熊	xióng	45	影	yǐng	17	衣	yī	37
先	xiān	12	意	yì	20	音	yīn	19
相	xiāng	15	譯	yì	26	因	yīn	48
箱	xiāng	28	易	yì	26	英	yīng	12
宵	xiāo	43	義	yì	31	應	yīng	26
想	xiǎng	14	藝	yì	42	員	yuán	19
小	xiǎo	19	游	yóu	25	園	yuán	22
下	xià	11	郵	yóu	34	元	yuán	36
夏	xià	29	油	yóu	43	遠	yuǎn	39
現	xiàn	11	魚	yú	25	院	yuàn	9
像	xiàng	21	愉	yú	39	願	yuàn	29
向	xiàng	38	誼	yì	27	閱	yuè	15

樂	yuè	19		誌	zhì	15
月	yuè	20		築	zhù	41
				竹	zhú	45
Z				張	zhāng	16
				章	zhāng	47
總	zǒng	22		招	zhāo	27
走	zǒu	17		炸	zhá	43
字	zì	13		展	zhǎn	36
自	zì	30		長	zhǎng	31
足	zú	28		掌	zhǎng	40
雜	zá	15		找	zhǎo	16
咱	zán	38		站	zhàn	29
澡	zǎo	22		照	zhào	23
早	zǎo	26		眞	zhēn	21
棗	zǎo	47		珍	zhēn	45
在	zài	10		針	zhēn	46
再	zài	11		者	zhě	26
贊	zàn	27		整	zhěng	22
臟	zàng	32		這	zhè	4
怎	zěn	22		正	zhèng	23
中	zhōng	15		證	zhèng	28
鐘	zhōng	31		知	zhī	20
終	zhōng	38		之	zhī	43
周	zhōu	41		枝	zhī	50
粥	zhōu	43		著	zhe	34
眾	zhòng	40		桌	zhuō	22
重	zhòng	42		抓	zhuā	49
株	zhū	47		專	zhuān	35
主	zhǔ	31		裝	zhuāng	37
準	zhǔn	25		狀	zhuàng	42
住	zhù	10		子	zi	14
祝	zhù	20		左	zuǒ	22
助	zhù	22		昨	zuó	28
注	zhù	29		坐	zuò	10
紙	zhǐ	13		作	zuò	14
址	zhǐ	20		座	zuò	44
指	zhǐ	34		最	zuì	32
只	zhǐ	36				